AF212289

El hombre feliz

Primera edición: noviembre del 2025

© Blanca Bravo
    Autora representada por IMC Agència Literària
© Editorial Comanegra
    Consell de Cent, 159
    08015 Barcelona
    www.comanegra.com

Diseño de colección: Cómo Design, 2010
Diseño y maquetación: Eduard Vila
Impresión: Agpograf

ISBN: 978-84-10161-93-1
Depósito legal: B 18625-2025

El hombre feliz

Blanca Bravo

comanegra

A mi madre, mujer feliz
A María y a Pau, los nombres de mi felicidad
A Quim, por las horas felices

Cambia de alma, no de cielo.

SÉNECA

El hombre feliz no tiene camisa.

LEÓN TOLSTÓI

Felicidad.
No en otro lugar, sino en este lugar.
No de momento, sino en este momento.

WALT WHITMAN

Domingo por la tarde

Domingo por la tarde es el momento de la semana en que nada importa demasiado.

Louis Armstrong

Se llama Juan y es feliz. Nadie en el pueblo entiende que sea feliz, pero él lo es, y mucho. Juan tiene ochenta y cuatro años, tres meses, dos días, cuatro horas y cincuenta segundos que se van convirtiendo en cincuenta y cinco segundos a medida que el relato avanza. A Juan nunca le ha importado que el tiempo pase. La alternativa a cumplir años no lo complace. Lo dice siempre riendo, con los ojos haciéndose pequeños, muy pequeños, en una cueva de arrugas que los esconde.

Juan nació en un hogar muy feliz y sus padres eran realmente felices cuando él nació. Tuvo una infancia maravillosa y una adolescencia acariciada por más días buenos que malos. Le gustaba ir a la escuela, le encantaba dibujar, y se acostumbró a escuchar las historias repetidas que los abuelos le contaban junto a la chimenea, cuando los días se hacían cortos y las noches se cargaban de frío. Tenía muchos amigos.

Estudió en el pueblo y, cuando creció, se fue a la ciudad para cursar una carrera en la universidad. ¡Qué contentos estaban sus padres de tener un hijo universitario! ¡Ellos, que habían vivido siempre de remover la tierra! Sus manos habían pagado los estudios del hijo, aquellas manos trabajadas que hablaban de patatas desenterradas cuando es justo el momento de hacerlo; de cultivar la tierra aunque no llueva. Aquellas manos hablaban de cómo ellos miraban hacia el cielo día y noche, rogando al santo que los quisiera escuchar para que les regalara el agua de las nubes de tormenta que se habían olvidado del pueblo.

Era el chico más espabilado del lugar, el más apuesto, era quien siempre se ofrecía cuando alguien tenía un problema. Consiguió que la chica que lo enamoró le dijera que sí en el altar sin dudarlo.

Juan es feliz, y José, uno de sus amigos de toda la vida —de aquellos amigos de cabañas secretas cuando eran niños y de partida de cartas ahora que son ancianos—, menos que ningún otro entiende cómo sigue siendo tan feliz. José, tan anciano como Juan —e incluso algo más, porque Juan es de finales de enero y José de inicios—, siempre está enfadado. Tiene el gesto agrio de aquellos a quienes todo les parece mal y el mundo se les vuelve en contra o al menos así lo sienten.

Ya de pequeños, cuando compraban en el colmado de la señora María —cortina de tiras marrones retorcidas en la puerta para que las moscas no entren, olor de papel de periódico y de café tostado—, siempre decía que el helado de Juan era más grande que el suyo, que la magdalena del otro estaba mejor horneada, que la bolsa de patatas fritas del amigo contenía más.

La verdad es que José es un hombre triste. Ver a los dos amigos caminar por el pueblo durante todos estos años ha sido todo un espectáculo. Juan iba con su gesto risueño, con la comisura de los labios siempre hacia arriba, dando saltitos a pesar de la edad; mientras que su amigo avanzaba con la cabeza agachada, abstraído en pensamientos nublados y arrastrando los pies.

Hoy es domingo por la tarde y José viene por el camino. Juan lo ve avanzar como siempre, concentrado en la tierra que va pisando, despacio, sin mucho ánimo. Se acerca a su casa, una pequeña construcción de la época de cuando los abuelos eran jóvenes. Es muy acogedora. Una chimenea enorme que está en el centro del comedor ha ido pintando las paredes de piedra de color negro con todos los fuegos invernales de la chimenea y todas las historias que han calentado a la familia a lo largo de los años. Tiene un jardín delante repleto de vegetación. Siete de los árboles favoritos de Juan, los cerezos, crean un pasillo que da la bienvenida al visitante.

—¿Qué querrá ahora José?

Lo dice en voz alta, porque está acostumbrado a hablarle a Dolores, aunque Dolores ya no está. Mira con interés cómo su amigo abre la puerta de madera del jardín, recién pintada, y la vuelve a cerrar con cuidado. Ve cómo observa las flores de cereza que han explotado hace poco y lucen con aquel rosa intenso de las cosas que empiezan. José va renegando con la boca y negando con la cabeza, mientras sigue su recorrido, totalmente ajeno a la mirada de su amigo que lo sigue desde el interior. Finalmente, llama a la puerta con fuerza. Juan, para disimular que lo estaba espiando, se entretiene un poco antes de abrir.

—¡Tengo que hablar contigo!

Las palabras directas de José flotan en el aire de la tarde. No ha saludado. Ha entrado directo hacia el salón. Se ha sentado en uno de los sofás de color marrón que hace cuarenta años que escuchan sus conversaciones.

—Dime.

—Juan, ¿cómo haces para ser feliz? Es que, por más vueltas que le doy, ¡no lo entiendo!

Él ríe y, como no sabe qué decir, no dice nada. El otro sigue hablando:

—Yo ya tengo suficiente.

—¿Suficiente? ¿Suficiente de qué?

José se mueve inquieto. Se ha levantado y se ha vuelto a sentar varias veces. Finalmente, dice:

—Mira, he tomado una decisión.

—¿Una decisión?

—Sí. He venido a despedirme.

Juan calla y mira a su amigo en un silencio largo y flexible, un silencio que se estira y parece detener los minutos a pesar de las agujas del reloj de pared que van acompasando un tiempo que, en realidad, no se detiene nunca.

—¿Ahora, a tu edad, te vas de viaje?

—No, no me voy de viaje.

—¿Te trasladas a otro pueblo?

—No, no me traslado a otro pueblo.

No se le ocurre ningún otro motivo por el que el cascarrabias venga a despedirse. Entonces, ¿por qué se despide? ¿Dónde va?

—Entonces, ¿por qué te despides? ¿Dónde vas?

—Mañana me suicidaré. Lo tengo decidido.

Juan mira a su amigo sobrecogido por la noticia.

—No hay nada que hacer. No cambiaré de opinión. Solo he venido porque, después de tantos años, tienes derecho a saberlo. Y, la verdad, no entiendo cómo tú no lo has hecho hace ya tiempo.

La habitación se va oscureciendo. El sol, cómplice, se apresura en irse y pone a tono el escenario, motivado por la gravedad del asunto que se está tratando. En la penumbra casi no se pueden ver ya las caras, pero a ninguno de ellos se le ocurre encender la luz. Pasan unos minutos antes de que Juan reaccione. Ha estado pensando. Su voz, siempre alegre, tiene un tono más grave de lo habitual.

—Eso de la felicidad está sobrevalorado. Creo que no es un ideal de la razón, sino de la imaginación.

—¡Filosofías! ¡Eso da igual! Está claro que tú sí que eres feliz.

Sí, realmente, él es feliz. Vuelve a callar. Piensa unos momentos antes de añadir:

—Escucha bien, José. Tú y yo haremos un trato.

—¿Un trato?

Juan mira fijamente al otro, que añade:

—Te escucho.

—Ven a verme seis tardes seguidas. Deja el suicidio para entonces.

—¿Seis tardes? ¿Por qué seis tardes?

—Antes de que te mates quiero hablar contigo. Tenemos temas pendientes. Si vienes seis tardes seguidas, con la de hoy serán siete las veces que habremos hablado.

—¿Y?

—Ya sabes que el siete es mi número de la suerte.

—¡De la suerte! Para la suerte que has tenido tú en la vida…

Juan no hace caso del comentario malintencionado y sigue, decidido:

—Si la séptima tarde que nos encontremos no has olvidado esta idea tuya de querer morir, no te lo impediré. ¡Palabra de honor!

José mira de arriba abajo a su amigo. Piensa que no pierde nada. No irá de una semana de seguir por aquí. Juan le pregunta:

—¿Trato hecho?

Unos segundos después los dos hombres se han levantado y avanzan las manos derechas. Se las estrechan con firmeza, como cuando se dieron el pésame por la muerte de sus padres, como cuando se hicieron socios del negocio de manzanas, como cuando, a la edad de seis años, decidieron que compartirían un cromo de su futbolista favorito: «Una semana lo guardas tú y la siguiente me lo quedo yo».

Habían hecho un trato y nunca habían roto un acuerdo a lo largo de su vida. No lo harían ahora que uno tenía ochenta y cuatro años, tres meses, dos días, cinco horas y casi treinta segundos y el otro unos días más.

El fracaso

Cada fracaso enseña algo que era necesario aprender.
CHARLES DICKENS

Al día siguiente, Juan espera a su amigo sentado en el banco de madera del jardín. Le encanta oler las flores de los siete cerezos. Cierra los ojos para saborear mejor el aroma que lo llena de gozo. Tiene bastante claro de lo que quiere hablarle hoy a José, quien está a punto de llegar.

Conoce tan bien las rutinas del otro que va haciendo mentalmente el recorrido que lo llevará hasta allí. José cierra la puerta de su casa con dos vueltas de llave y empuja con fuerza para asegurarse de que ha cerrado. Mira hacia el cielo y gruñe. Gira a la derecha. Saluda a Rita, la florista. Pasa por delante del Ayuntamiento, una casa pequeña llena de flores con un tablón de anuncios ya algo antiguo y una bandera en la fachada. Ahora, se dirige a la izquierda y bordea el huerto de Mateo, el hijo de Salvador. Piensa que este año las patatas no saldrán bien porque ve algunas hojas agujereadas por el gusano de la tierra. Vuelve a gruñir. Toma el atajo que atraviesa los huertos grandes y llega al camino que va a la casa de Juan. Mira los cerezos. De nuevo, gruñe. Ya ha llegado.

—¿Ha ido bien el paseo?

La voz amable de Juan contrasta con el murmullo ininteligible y enfadado de José.

—Ven, que esta tarde el tiempo es agradable. Nos sentaremos aquí.

El recién llegado sigue sin hablar o, por lo menos, sin decir nada coherente que el otro pueda entender. Juan lo observa con detalle y piensa que quizá sí que parece más triste de lo habitual. Lo sobrecoge la idea de que su amigo haya decidido irse. No tiene demasiado claro de qué debe hablarle en las conversaciones que han de mantener, pero lo que sí sabe es que desea de todo corazón convencer a su amigo para que no se mate. De entrada, Juan cree que hoy la belleza que los rodea acabará por decidir a su amigo a seguir con él, en el lado de la vida.

—¿Has visto cuántas cerezas comeremos este año?

—Dilo por ti. Yo ya no estaré cuando maduren.

Vuelve a intentarlo:

—¡Mira el manzano! Quizá sí que valdrá la pena que esperes a la cosecha.

Las hojas del manzano, firmes y de color verde intenso, adornan las ramas de un frutal de tronco grueso.

—El manzano… El manzano… Mira por dónde van saliendo los grandes temas.

Juan piensa que las manzanas unieron años atrás a su familia y a la del amigo triste. Habían hecho una apuesta genial. Ayudados por sus padres, compraron una fábrica abandonada y la reformaron. Se dedicaron a cultivar, a recolectar y a vender manzanas. La tierra era favorable y los frutos eran los mejores de la comarca. Todo el mundo quería comer sus manzanas. Eran dulces, con mucha agua y se deshacían en la boca.

Durante años hicieron muy buenos negocios. Juan sabía llevar los números y, como había estudiado Ingeniería, también diseñaba curiosos aparatos que les facilitaban el trabajo. Por su lado, José conocía bien el momento de plantar, de podar y de recoger el fruto. Entre los dos formaron un gran equipo.

Pasó el tiempo. Se casaron y también sus esposas ayudaron en su proyecto. Daba gusto llegar por la mañana a la fábrica o al terreno para encontrar allí a los amigos trabajando por una causa común. Incluso José rompía su pose seria para deshacerse de vez en cuando en una carcajada cristalina. Poco después, vinieron los niños —el hijo único de Juan y los dos de José— y sus madres llevaban a los pequeños a recoger manzanas al campo. Recordaban a aquellos cuadros de campesinos retratados por los pintores de finales del siglo XIX. Era magnífico, un tiempo para recordar.

La voz grave de José lo obliga a regresar de golpe de los días felices del pasado.

—Primero fue la sequía; después, el préstamo. No había modo de ganar suficiente dinero como para saciar el hambre del banco, que siempre quería más y más y más…

—Sí.

—¡Hasta que se lo quedó todo! ¡¡Todo!! ¡Los ahorros y el esfuerzo! Todo desapareció de un día para otro.

—Sí, es cierto. Perdimos muchas cosas.

—¿Que perdimos muchas cosas? ¿Que perdimos muchas…? ¡Juan, lo perdimos todo!

José se levanta y se sienta dos veces, tres. Está muy nervioso. Parece un animal enjaulado. Juan sigue plácidamente sentado en el banco de madera. Ha cerrado los ojos y deja entrar, goloso, todo el aroma del campo húmedo de la tarde por la nariz.

Abre los ojos con calma y le dice a su amigo:

—En eso te equivocas.

—¿En qué?

—Seguíamos vivos y nos teníamos los unos a los otros.

—¿Cómo es posible que no te deprimieras? La gente pensaba que te habías vuelto loco. Teníamos hijos pequeños que sacar adelante, nuestros padres no nos podían ayudar más y tú... tú todavía sonreías.

Sí, era cierto. No había perdido la alegría. Juan siempre había creído en lo que le había dicho su madre desde niño: «Hijo, cuando una puerta se cierra, otra se abre». Era seguro que encontraría un nuevo camino. Estaba convencido.

—Mira, José, si no hubiéramos perdido la empresa de las manzanas, nos habríamos pasado la vida cultivando y vendiendo manzanas.

—Sí, claro. ¿Y qué tenía eso de malo?

—Pues que yo no me hubiera dedicado nunca a pintar, como deseaba desde pequeño.

—¿Y fuiste feliz pintando?

—Más que nunca. Pensaba que lo sabías.

Había empezado haciendo el retrato de Dolores —cuerpo desbordado de madre tierra— dando el pecho al pequeño Jaime, su único hijo, nacido el día 7 del mes 7. El lápiz recorría el papel a toda prisa, impaciente por recorrer el cuerpo de barro de la mujer y las manos de mantequilla del niño recién nacido. Quería que la emoción y el amor que lo invadían quedaran plasmados en el dibujo. El bebé se aferraba a la carne de la madre como si fuesen todavía un mismo cuerpo, carne atada a la carne. La imagen le produjo una herida dulce en el corazón. La muerte, ante la belleza de la vida, les concedió un plazo.

Entonces, cuando quería sentarse a pintar porque aquel primer dibujo le despertó el hambre de dibujar, siempre había algo que hacer. Números que cuadrar, el motor de una de las máquinas que no funcionaba o manos que faltaban para recoger fruta en el campo. Cuando tuvieron que cerrar, pensó que era el momento de retomar los útiles y de disponer de toda una mañana, toda una tarde y una noche, si era necesario, para pintar. Saboreaba el hecho de disfrutar de tiempo sin tener que mirar el reloj y sin que hubiera ninguna cita urgente.

Un día, salió a la calle a plasmar el cielo en una hoja. Utilizó pasteles. Un forastero que había ido a hacer turismo por los pueblos frutales de la zona lo vio y le dijo que trabajaba en una galería de arte de la ciudad, que le gustaba la personalidad de su trazo y que le compraba el cuadro.

—No, no, se lo regalo.

Pasaron un par de horas antes de que la obra estuviera acabada. Mientras trabajaba, estuvieron charlando con el galerista sobre colores, artistas, pueblos y ciudades. Se lo regaló, como le había prometido. El hombre se llevó la hoja pintada a pastel muy satisfecho.

—¡Tendrá noticias mías!

Se lo gritó desde el otro lado de la calle. José volvía del bar, con su gesto malcarado de siempre, un gesto que se había acentuado desde que habían perdido el negocio. Vio cómo aquel turista se iba con el dibujo de su amigo y dio por hecho que se lo había vendido.

—¿Cuánto le has sacado?

—Nada. Se lo he regalado.

—¿Que se lo has regalado? ¡Estás como una cabra!

Juan había recogido el material y había vuelto a casa complacido porque el color de su cielo una tarde de verano viajaba a la ciudad en una carpeta que llevaba un tipo con quien había estado conversando y pasando un rato muy agradable.

Al cabo de un mes, recibió una llamada. Dolores escuchaba llena de curiosidad y le decía a Juan que dijera que no a cualquier oferta. Pensaba que se trataba de un banco, de una empresa de telefonía o de cualquier otra que les quisiera quitar el poco dinero que les quedaba. Gesticulaba, nerviosa, diciendo que no con las manos, que no aceptara nada de la gente de ciudad que siempre les intentaba vender cosas que no necesitaban.

—De acuerdo. Venga dentro de un mes.

Era el galerista. Le había encargado que pintara el cielo del pueblo cuando el sol se pusiera. Le pagaría bien. Había expuesto la obra regalada y había despertado la euforia de los que viven en la ciudad pero sienten delirio por el campo. En el paisaje estaba el espíritu de los árboles, el aroma de las flores y aquello fascinante que, sin saber qué es, está más allá de las nubes.

Ganó mucho dinero pintando y dibujando, mucho. Pasteles, óleos, acuarelas…

Pasaron algunos años. Habían ido ahorrando. Querían comprarse una casa más grande. Ahora que el pequeño Jaime iba creciendo, necesitaban más espacio. José se había rehecho de la pérdida del negocio de manzanas gracias al dinero que la familia de su mujer les había dejado en herencia, pero las familias de Juan y de Dolores eran muy pobres y, cuando murieron, solo heredaron la pequeña casa de paredes negras y el ajuar de hilo y ganchillo que la madre de ella había preparado de joven. La pintura les estaba salvando y pasaron de sobrevivir a vivir con comodidad.

Un día, durante la fiesta mayor del pueblo, todo el mundo estaba en la plaza del Ayuntamiento bailando al ritmo de una pequeña orquesta contratada para la ocasión. Habían ido algunos turistas atraídos por la fama, discreta pero firme, que el lugar iba adquiriendo gracias a las obras de Juan. Se lo pasaron muy bien y volvían a casa con el cansancio que provocan las horas felices.

Al llegar a casa, Juan enseguida vio que habían forzado la entrada. La puerta estaba completamente abierta y él, estaba seguro, la había cerrado antes de salir. El corazón le palpitaba en la cabeza, le temblaron súbitamente las manos.

—Ganaste mucho dinero, ¿verdad?

—Sí, mucho.

—Y te lo robaron.

—Sí.

—¿Lo ves? ¿Cómo pudiste seguir siendo feliz después de que te robaran todos los ahorros de tantos años de trabajo pintando?

En los diarios se había publicado la noticia. Unos ladrones habían asaltado algunos pueblos de la zona.

—Pensé que debían de necesitarlo más que yo.

Al fin y al cabo, en la casa pequeña estuvieron tan bien que realmente nunca necesitaron una mayor.

—¡Va, hombre, va! ¡Me voy!

—¿Ya tienes suficiente por hoy?

—Sí, tengo de sobra. No puedo creer eso de que te conformaras, mira lo que te digo.

—Pues te equivocas. Aprendí. Yo creo que en la vida no he dejado nunca de aprender.

—¿Y qué aprendiste? ¿Que hay ladrones? ¿Que tenías que haber puesto más cerrojos?

—Que siempre hay alguien que puede necesitar lo que a mí me sobra.

José mira hacia el cielo poniendo los ojos en blanco y tira a dar.

—Y, entonces, te viene esto…

Ha puesto delante de la cara de Juan su mano derecha y la hace temblar, imitando la mano del amigo. No hay ninguna muestra de dolor en la mirada de Juan, pero el otro se arrepiente enseguida.

—Me voy antes de decir una barbaridad.

—Te espero mañana a la misma hora.

Sin decir nada, el invitado se levanta y se despide con un gesto, con la mano abierta.

—¡Oye! —grita Juan.

José se gira para descubrir lo que le ha de decir su amigo, todavía sentado en el banco.

—No te mates todavía.

No hay rencor en el tono que utiliza.

—No, no. Solo tengo una palabra, ya lo sabes. Esperaré al séptimo día. Claro que no te aseguro que sufra un paro cardíaco esta noche…

El humor negro de José flota en el aire cuando se marcha arrastrando los pies. La tarde se ha hecho noche hace rato y las farolas de la calle iluminan débilmente sus pasos lentos, calle abajo. Juan se queda contemplando el jardín. Le gusta que llegue la humedad intensa de la noche porque así las plantas desprenden los aromas más profundos. Mira su mano derecha. No deja de temblar, ahora un poco más que por la mañana porque, debe reconocerlo, se ha puesto nervioso.

—Va, Dolores, vamos dentro. Empieza a refrescar.

No le contesta nadie, pero él está feliz de seguir sintiéndola a su lado. Cierra la puerta, deja la muleta con dificultad junto a los paraguas y se sienta con un suspiro en el sillón marrón que el matrimonio compró hace años en unos grandes almacenes de la ciudad.

La enfermedad

Las fuerzas naturales, las que están dentro de ti,
curarán tus enfermedades.

HIPÓCRATES

Le tiemblan tanto las manos que se le cae al suelo la taza con el café con leche que esta mañana temprano se ha preparado con mucha dificultad. Debe reconocer que lo está inquietando bastante el tema del suicidio de su amigo. No acaba de encajar que quiera morir y lo está agotando esta lucha dialéctica para convencerlo de que no lo haga, una lucha que ya hace días que dura. Está invirtiendo demasiada energía y hoy se ha levantado cansado.

Justo cuando se oye el estrépito de la loza rota, llega Rosa, una señora del pueblo de unos cincuenta años largos que hace tiempo que lo ayuda a hacer la cama, a hacer la comida y la cena, a limpiar la casa..., que lo ayuda a vivir, en definitiva. Con Rosa siempre hablan de cosas del pueblo. «Los de Martín han tenido otro niño. La hija de Josefa se ha ido a estudiar a la ciudad. Este año montaremos un buen festival para la fiesta mayor... Juan, no hagas tú la cama, ¿cómo te lo tengo que decir?».

Normalmente, Juan la sigue por las habitaciones para estirar la conversación. Su marido se gana la vida en el campo y con la jornada de ella van tirando. Va cada mañana, de lunes a sábado, por la tarde trabaja en otras casas. El domingo no, porque el domingo temprano va con su marido a misa y después siempre comen con su hijo, que trabaja en la ciudad desde hace años. Cada domingo vuelve al pueblo con su mujer, sus hijos pequeños y un tortel de nata buenísimo que a Rosa le encanta. Los lunes por la mañana, siempre le lleva a Juan un trozo en una fiambrera.

Sin embargo, hoy Juan no tiene muchas ganas de charla. Rosa lo respeta y, después de recoger la taza rota y de fregar el suelo, va haciendo las habitaciones con un tarareo suave entre los labios. De repente, cuando entra en el baño cargada de detergentes para limpiar la ducha, oye la voz de Juan que le pregunta:

—Rosa, ¿tú eres feliz?

—¡Vaya! ¡Qué pregunta!

Ella deja de cantar, pero no contesta. Juan insiste:

—¿Lo eres?

Rosa se pasa la mano por los mechones de cabello que le caen desde la frente.

—No lo sé. No me lo he planteado nunca. ¿Por qué me preguntas eso?

—Mi amigo José dice que no entiende por qué yo soy feliz…

—¡Vaya uno! Él sí que no es feliz. ¡Siempre va con ese mal genio por la calle!

—Pero es buena persona José.

Juan lo cree sinceramente, cree que el malcarado de su amigo es buena gente.

—Yo creo que quien es buena persona eres tú y también creo que, si él no es feliz, no tiene que decirte a ti que no entiende que tú sí lo seas.

—Ya…

No se lo había planteado así. Como el otro todo lo veía siempre mal, ni siquiera había juzgado que fuera crítico con su felicidad.

—Yo soy feliz, eso es verdad.

—Claro, Juan, siempre le ves la parte buena a todo lo que pasa y ayudas a todo el mundo. Debe de ser eso lo que te hace feliz.

Ayudaba, sí. Había ayudado mucho. A construir las casas de los vecinos; en la vendimia, cuando se necesitaban manos; en la fiesta mayor, si se tenía que preparar el escenario del teatro del pueblo… Era feliz ayudando. Muchos venían a pedirle consejo desde hacía algunos años. Él reía, imaginando que debían de pensar que era una especie de gurú de la tribu con una caja de respuestas, pero lo cierto es que le gustaba escuchar lo que la gente le contaba, valorar sus preguntas y decir lo que haría él si estuviera en el lugar de los otros. Como miraba el lado positivo y la empatía le era innata, sus consejos siempre funcionaban.

—¿Y tú, Rosa? No me has contestado. ¿Eres feliz?

—No lo sé. Yo esas cosas no las pienso.

Cuando Rosa se va, bien entrado ya el sol en la mañana del martes, Juan piensa en la conversación que han mantenido. Tal vez él sí vea la parte buena de todo y quizá sí que haya gente que no se plantee si es feliz o no lo es. Si te dedicas solo a vivir sin valorar si eres feliz, ya debes de ser feliz.

La mano derecha vuelve a temblar con furia. Intenta controlarla con la otra, pero no lo consigue. La mano no quiere parar. Tendrá que volver al médico para que le aumente la dosis de medicación.

Se sienta en el sillón, en silencio, quieto, mientras piensa en el abuelo Pepe. ¡Aquello sí que era temblor de manos y de piernas y de pies! El pobre abuelo caminaba como si tuviera mil gusanos dentro del cuerpo y no pudiera librarse de ellos. Juan era un niño cuando el abuelo empezó a ir en silla de ruedas y cuando, poco después, quedó inmóvil de la espalda, pero no de las manos. En sus últimos tiempos, su madre, la hija del abuelo Pepe, le tenía que poner la comida en la boca.

—¿Qué tiene, mamá? ¿Qué le pasa al abuelo Pepe?

—Está enfermo. Déjalo tranquilo, que duerma un poco.

—Pero ¿cómo se llama su enfermedad?

Su madre lo miraba con una sospecha oscura y no contestaba. Los últimos años del anciano, Juan se fue a dormir a la habitación de sus padres, y el abuelo, a su cama, en la pequeña habitación infantil.

Él atendía al abuelo. Le explicaba las tareas que hacía en la escuela, le pedía que viera con él los dibujos animados en la televisión mientras merendaba y recogía flores para él cuando su madre lo sacaba al jardín, sentado en la silla de ruedas. Sin embargo, día tras día, el abuelo se fue quedado rígido, muy quieto del resto del cuerpo, pero con el eterno temblor de cabeza, manos y pies. Un día no quiso levantarse de la cama y poco después murió.

Juan todavía recuerda las manos quietas del abuelo cuando lo prepararon para el entierro. La izquierda sobre la derecha, los dedos amarillos, con el anillo de casado que no se había quitado nunca. Después de tantos años de ver cómo se movían inquietos en un temblor constante, los dedos inmóviles le impactaron. Aquella era la imagen del abuelo que se le quedaría grabada: la de sus manos quietas, manos de cera.

Años después, el día en que a él la mano derecha empezó a temblarle un poco, recordó enseguida las manos del abuelo. La cálida felicidad que siempre lo acompañaba se heló por unos instantes. Sin embargo, el temblor pasó rápido y siguió pintando los paisajes del pueblo. Mezclaba los colores por instinto y pintaba por pura inercia natural, puesto que nunca había asistido a una academia de dibujo y pintura. Sin embargo, los colores de sus cuadros eran exactamente los colores del cielo y de la tierra que tanto quería.

Unas semanas después, el temblor regresó, pero mucho más fuerte. Dolores lo miró con la misma mirada de sospecha que recordaba de su madre y dijo, con un tono gris que mataba al resto de colores:

—Mañana iremos al médico.

La vida es extraña y aquel diálogo que él había mantenido con su madre hacía tantos años, cuando le preguntó el nombre de la enfermedad de su abuelo, continuó. El médico pronunció el veredicto y aquella palabra respondió a su curiosidad insatisfecha desde que era un niño:

—Párkinson.

Dolores empezó a llorar y Juan se quedó tranquilo porque, ahora sí, tenía la respuesta a la pregunta que tiempo atrás había formulado tantas veces. *Párkinson*. Aquellas nueve letras explicaban el baile del abuelo, pero amenazaban sus cuadros.

Al salir de la consulta, su mujer redobló el llanto.

—No, mujer, no llores. Saldremos de esta.

—¿Cómo lo sabes?

—Siempre salimos.

Y rio, como ahora ríe. Sin darse cuenta, perdido otra vez en los días del pasado, ha llegado la hora de la visita de José, que ya abre la pequeña puerta de madera recién pintada. Llama tres veces pero, como hoy Juan no está para levantarse, no lo hace. Grita desde donde está sentado:

—¡Adelante, José! ¡Está abierto!

El hombre triste entra gruñendo. Que si hace demasiado calor para la época en la que están, que si pronto los gusanos se comerán las pocas patatas que este año ha producido la tierra, que cómo puede ser que coma tan tarde, que si esto que si lo otro…

—¿Quieres comer conmigo?

—No, hombre, no. Que aproveche. Come mientras hablamos, que yo no tengo hambre. Comer a las cuatro de la tarde… ¿dónde se ha visto?

Juan no hace caso de los comentarios del quejumbroso incapaz de adaptarse a cualquier imprevisto y se levanta con dificultad. Recorre lentamente el metro y medio que lo separa de la silla. Quita el plato que Rosa ha puesto sobre el otro plato para que no se le enfríe demasiado lo que le ha preparado. Mmmmmm… Lentejas con aceite y sal. Pone una envidiable cara de felicidad.

—Sí que te conformas con poco…

—Recuerda: «No es más feliz quien más tiene, sino quien menos necesita».

Pronuncia las palabras sentenciando, acompañándolas con un gesto del dedo índice. El otro no le hace caso:

—Va, sigamos hablando. Es tu tercera tarde. No la desaproveches.

—No es *mi* tercera tarde. Es *nuestra* tercera tarde.

Mientras come, un camino de líquido marrón va manchando, en cada viaje de la cuchara, el mantel de plástico con flores rosas y azules. José, para no avergonzarlo, no dice nada y simula no darse cuenta. Sin embargo, lanza el dardo directo porque, al fin y al cabo, se está jugando la vida.

—Ayer acabamos hablando de la enfermedad. ¿Quieres continuar?

—Claro.

—Aquel día…, cuando me dijiste el diagnóstico que el médico te anunció…, ¡te reías! ¿Cómo puede alguien reírse cuando le dicen que ha enfermado y que nunca se curará?

—Aquel día me dieron una respuesta que hacía muchos años que esperaba.

Se miran con mucha intensidad, porque José se da cuenta de que le está confesando algo íntimo.

—Pensé que era un reto seguir pintando con el temblor. Eso hacía más divertida la pintura, que ya se me estaba convirtiendo en una rutina y no quería.

—¿No querías pintar?

—Sí, pero lo que no quería es que se convirtiera en un trabajo y dejara de ser una pasión.

—Pero era un trabajo, ¿no? Te daba dinero.

—Era una pasión que me daba dinero. Pero me empezaron a encargar tantos cuadros que la emoción iba perdiéndose a medida que crecía el estrés de tener que entregarlos a tiempo.

Cuando supo que cada vez las manos le temblarían más, empezó a analizar los cuadros de *los pintores que pintan mal*, como decía Dolores. Él le contestaba que no pintaban mal, ni hablar. Lo querían hacer así. Buscaban la impresión de la expresión.

—Son impresionistas y expresionistas.

—¡Son unos cuentistas! Eso es lo que son.

Juan reía mientras se maravillaba con la obra de aquellos artistas que habían mirado el mundo de un modo muy distinto al que es habitual y, después, lo habían sabido reflejar. Se apasionó con el movimiento frenético de la noche llena de estrellas de Van Gogh y, sobre todo, le fascinó cómo gritó Munch encima de un puente. Cuadros en desequilibrio. Le interesaba cómo se movía todo alrededor, tal y como salían ahora los colores de sus pinceles nerviosos por el movimiento constante de sus manos enfermas. Lo cierto es que, poco después, ya no pudo ni coger el pincel y los botes con agua se le caían al suelo justo cuando se ponía a pintar.

Juan habló con su amigo de los pintores a los que tanto admiraba. Pasaron horas lentas e íntimas, mientras estaban inmersos en una conversación repleta de colores, de líneas y de sintaxis del arte. Ya cansado, José retomó el tema inicial.

—Volvamos al inicio de nuestro encuentro. Cuando las manos empezaron a temblarte tanto que tuviste que dejar de pintar, ¿qué pasó?

—Fue maravilloso.

José lo mira sorprendido. Él sigue:

—Tuve mucho más tiempo para pasar con Dolores, para mirarla y decirle que la quería antes de que se fuera.

—Bueno, este es otro tema: Dolores.

Juan baja la mirada y calla. Al mirar después por la ventana, ve cómo el cielo regala aquel naranja de las tardes decrépitas que tienen nubes en el horizonte. Pronto será la hora de la cena de su amigo y sabe que se irá. Tampoco tiene ganas de seguir hablando. Recordar los ramos de flores es duro a pesar de los años que han pasado.

—Tienes razón, José. Es otro tema, y estoy cansado. ¿Seguimos mañana?

La soledad

Quien es solitario es una bestia o un dios.
ARISTÓTELES

Esta mañana de miércoles no ha salido el sol. Unas nubes negras que presagian tormenta, como la que tanto habían deseado tener sus padres cuando cultivaban la tierra y había sequía, se acercan desde el norte. Se ha levantado un aire frío que huele a lluvia y las ramas de los siete cerezos van y vienen como locas.

Juan se ha pasado la mañana hablando con Rosa y a mediodía ha visto las noticias en la televisión. Cuando es la hora a la que suele llegar José, se prepara cerca de la puerta para recibirlo.

José todavía no llega. Juan mira desde la ventana hacia el patio cuando unas gruesas gotas de lluvia empiezan a levantar polvo del suelo. Primero piensa que quizá hoy no venga el amigo, pero, como despeja enseguida, sabe que solo debe esperar.

Mientras tanto, mira hacia el comedor y recuerda cuando eran tres a la mesa: Dolores, Jaime y él. A veces, también compartían la comida con otros: amigos del hijo, José, la mujer de José y sus hijos… Eran días en que las voces volaban por la estancia. Entonces no le daba demasiado valor a esa escena, que era habitual. Ahora, Juan piensa que era maravilloso poder conversar y decir lo que pensaba, escuchar cómo le había ido al hijo en la escuela o cómo habían subido los precios en el colmado: «¿Dónde vamos a llegar?». Las voces cotidianas del pasado son ahora anhelos imposibles.

Hoy reina el silencio. Normalmente, Juan se lleva bien con él. Después de tantos años, ha aprendido a callar y a pensar antes de hablar. Ha aprendido también que es más fácil encontrarse a uno mismo en medio del silencio que rodeado de ruido. Reconoce la sabiduría de lo que no se dice, la intensidad de la emoción que explican solo los ojos. No se siente mal sumergido en el silencio, pero hoy echa mucho de menos a todos los que lo han acompañado a lo largo de los años y ese eco vacío le provoca una herida amarga. Lo reconoce. Está deseando que llegue su amigo y rompa ese mutismo ensordecedor, aunque sea con su murmullo enfadado de viejo amargado.

Cuando ve que, finalmente, abre la pequeña puerta de madera recién pintada, recupera su gesto alegre y le hace gracia que el otro no salude y se queje del frío, del calor, del viento, de la calma, de los vecinos o de la soledad.

—No me lo creo, Juan, que estés feliz solo. Día y noche, día y noche y otra vez... Yo no lo soporto.

—Veamos, debo reconocer que no es lo mismo vivir solo porque así lo has querido que quedarte solo después de haber escogido vivir acompañado.

—Entonces, ¿no eres feliz?

—No, no estoy diciendo eso. No te engañaré. Los echo muchísimo de menos. A Dolores la añoro siempre, sobre todo por la noche. Siempre nos dormíamos cogidos de la mano. Qué tontería, ¿verdad?

José no contesta. Él nunca había cogido la mano de Margarita antes de dormir. Quizá, si era sincero, no había sabido querer a Margarita, o quizá no había sabido querer a nadie. No es que fuera consciente de eso, de no saber querer, pero reconocía que él no tenía tantas ganas de volver a casa como Juan tenía cuando eran jóvenes y vivir era urgente. Prefería pasar un rato con los amigos tomando una cerveza en el bar o caminando solo por el pueblo. Los hijos, cuando eran pequeños, lo cansaban; de adolescentes, lo agobiaban, y ahora que eran mayores y habían formado una familia ni siquiera recordaban que él seguía vivo. Solo había recibido, un par de años atrás, una carta de su hijo pequeño, a través de un abogado. Le decía que quería recibir la parte de la herencia de su madre cuando la mujer murió. ¡Desagradecido! ¡Egoísta! ¡Le quería sacar el hígado cuando todavía estaba vivo!

José tiene una relación contradictoria con la soledad. Si es sincero, a él estar solo le va bien de vez en cuando, pero reconoce que su soledad es más tensa que la de Juan. Él no siente un vacío, pero tampoco es feliz. La rutina silenciosa le cansa. Cuando quiere oír voces, va al bar del pueblo a buscar contertulios, pero no demasiado rato, que poco después también le cansan. Es como si, cambiando de lugar, tuviera que cambiar de estado de ánimo, y no, no funciona así. Si está enfadado, da igual estar en casa, en el bar o paseando por el campo, la nube negra lo persigue y no lo abandona.

—Yo no quiero estar solo, pero tampoco quiero estar con gente. ¿Lo ves? Es mejor tirar la toalla.

—¿Sabes qué creo? Creo que dices demasiado la palabra *yo*.

—¿Qué quieres decir?

—Piensa más hacia fuera. Siempre te estás mirando el ombligo y eso es aburrido.

El amigo se siente ofendido con la crítica. El tono de voz lo delata.

—O sea, ¿que tú eres feliz solo?

—No estoy solo.

—Ah, claro, Rosa.

—Sí, me hace compañía un par de horas cada día.

—¿Y cuando se va?

—Tengo mucho que hacer. Arreglo el huerto, leo, veo la televisión, me siento al lado de la ventana y hablo con la gente…

—Pero si no puedes estar de pie, ¿cómo arreglas el huerto?

—Con la muleta voy haciendo.

—Y eso de que hablas con la gente… ¡Estás a las afueras del pueblo! Apenas pasa nadie por aquí.

—Sí que pasan. Viene mucha gente a verme. Charlamos.

—Pues yo estoy solo y no estoy bien. No le veo sentido a eso de levantarse un día y otro sabiendo lo que nos espera y esperando lo que sabemos que ha de venir. Nunca se le ocurre a ninguno de mis nietos venirme a ver, ¡nunca!

Juan es feliz y ha sido feliz a lo largo de los años, entre otras cosas, porque intenta evitar los temas tristes y sabe que el tema de los hijos y de los nietos es uno de los motivos de infelicidad de José, así que evita tocarlo. El otro, en cambio, como quiere encontrar motivos para morir, insiste.

—¿Tú crees que es normal tener un hijo y cuatro nietos y que ninguno de ellos se acuerde de que tiene un padre o de que tiene un abuelo? ¡Un hijo y cuatro nietos! Ni una felicitación, ni una llamada… Solo una carta pidiendo la herencia de su madre. Pero mira lo que te digo, yo ya los he quitado de la mía. Solo se llevarán la legítima. El resto se lo dejo a la Iglesia y que hagan lo que quieran. Que pinten la pared o que compren un millón de velas, ¡me da igual!

Juan lo escucha con paciencia. Sabe que, hasta que no se desahogue, no callará.

—¡Dinero! Todo al final es cuestión de dinero.

—Eso no es cierto, José, y lo sabes. Estás siendo injusto. ¿Qué me dices de Ricardo?

Además del hijo pequeño que le había pedido la herencia de la madre, tenía otro mayor que le había dicho mil veces que tenía una habitación preparada para él en su casa si no quería vivir solo. Nunca la aceptó. El hijo vivía con otro hombre, un hombre trabajador y afectuoso, pero el padre nunca quiso saber nada.

—¡No me hables! Aquel… aquel ya no es mi hijo.

—¿Cómo que no? ¿Porque quiere a alguien a quien tú crees que no debe querer?

—¡Es que no es normal!

—Que no es normal… ¿Y qué es lo normal? ¿Me lo puedes decir? Después de todos los años que hemos vivido y de todo lo que hemos pasado, ¿qué hay mejor que el amor?

—El amor, el amor…

—Sí, se trata de eso: de amor. Ricardo tiene la suerte de haber encontrado un hombre a quien quiere y que lo quiere y tú tienes la suerte de que él te quiera a ti en su vida.

—Yo no puedo ir a aquella casa.

—No veo por qué no.

—Porque no lo acepto.

Juan, contra su costumbre, ha levantado la voz y se le ve malhumorado.

—¿Todavía no has aprendido que aceptar es dar un paso adelante? Vivimos y vamos asumiendo, aceptamos las cosas tal y como vienen. Si no te adaptas, te quedas atrás. Aquí tienes un motivo para vivir: aprender a adaptarte a lo que vendrá.

—Yo no quiero que mi hijo esté con otro hombre. Es que no lo entiendo.

Ahora, que José se lleve las manos a la cabeza y represente el abatimiento en persona le da lástima. Su amigo está superado por la situación. Sin embargo, él cree que está en la obligación de contestarle para sacarlo del error.

—No se trata de lo que tú quieras, sino de lo que quiere él. Tú deberías ser feliz sabiendo que tu hijo tiene lo que quiere tener.

—Cuando pienso en los planes que habíamos hecho para él…

—¡Y es un gran hombre! Es médico, tiene un buen trabajo, a una buena persona a su lado, y han adoptado a un niño que ni siquiera conoces.

—Aquel no es mi nieto.

—¿Cómo que no? Quizá te querría más que los otros cuatro.

José se queda callado mientras el reloj de pared va cantando su melodía acompasada. Se levanta y coge la chaqueta que había dejado sobre una silla. De uno de los bolsillos interiores saca una fotografía. Dos hombres de unos cuarenta años ríen.

De pie entre los dos, también sonriente, hay un niño de unos seis años. Parecen felices. Primero ha mirado él la imagen y ahora se la muestra al amigo:

—Me la envió la Navidad pasada. No le he contestado.

Juan la coge y la mira, complacido.

—Nunca es tarde. Ahora, cuando llegues a casa, le escribes… O no, mejor todavía…, le llamas.

—¡Sí, hombre!

—Claro que sí. ¡Lo harás! Forma parte de nuestro trato. Te pongo deberes: llamar a tu hijo y venir mañana a contarme qué te ha dicho.

Le devuelve la fotografía. José se ha rendido. Calla. Debe de estar pensando. Pasa en silencio aquel tiempo mudo que solo puede pasar con comodidad si las personas que lo comparten son muy amigas y no necesitan llenarlo con palabras vacías. Al cabo de pocos minutos, José lo rompe:

—Es verdad que siempre le ves el lado bueno a todo lo que pasa…

—Lo intento.

—Lo que no puedo entender, Juan, no puedo entender…

—Va, di. Estos días estamos hablando sin tapujos.

—No puedo entender cómo pudiste seguir siendo feliz después de…

Juan ya sabía lo que seguía. Fue él quien acabó lo que el otro había empezado a decir.

—... después de que Jaime muriera con veinte años en aquel accidente.

Por la rendija de la puerta que ha quedado abierta entra un perro marrón moviendo la cola con calma. Husmea los pies de los dos amigos y, como si hubiera percibido el dolor del hombre, se estira al lado de Juan. Es un perro callejero que viene a verlo. Juan dice que viene cuando tiene hambre, pero que su casa está fuera, en el mundo. José está convencido de que es al revés: vive en casa del amigo, pero sale de vez en cuando para poder volver y sentir de nuevo, cuando la necesita, la alegría del hombre feliz.

—Se está haciendo tarde, José. ¿Seguimos mañana?

Aunque se está jugando la vida, José comprende perfectamente que hablar de la muerte de un hijo ha de ser muy duro, así que lo acepta. El perro pone la cabeza sobre la zapatilla del pie derecho de Juan. El amigo contesta:

—Sí, claro, seguimos mañana.

La rutina

Hoy ha sido un día feliz. Solo rutina.
MARIO BENEDETTI

José se ha levantado, ha preparado un café con leche cansado y ha ido a la puerta de la calle con la taza en las manos, para esperar a que se enfríe. Los vecinos que pasan lo saludan con un *buenos días* lleno de energía, pero él solo contesta protestando. «¡Qué asco de rutina!», piensa. «Estos días que son siempre iguales y solo prometen el final que tarde o temprano ha de llegar».

Juan se ha levantado, ha preparado con dificultad un café con leche y ha ido a sentarse al banco de madera del jardín. Ha pasado un buen rato hablando con un vecino que ha venido a preguntarle cómo puede arreglar la lavadora. La brisa de la mañana lo ha animado y se ha atrevido a remover un poco la tierra donde tiene plantados los rosales que tanto le gustaban a Dolores. «¡Qué felicidad —piensa— la del dorado mediocre de los días que son siempre iguales, los días que parecen indiferentes y son, en realidad, los que hacen que la vida sea vida y que el corazón crezca!».

A Juan la rutina siempre le ha parecido fantástica porque le da la tranquilidad de que las cosas están bien. Siempre está donde quiere estar y esto también le parece lo mejor que le puede pasar. No quiere ni imaginarse querer estar en Japón y no poder moverse del pueblo, que entonces se convertiría en una prisión. La libertad de decidir estar en el pueblo y no en Japón también lo contenta. No puede evitar que las cosas le parezcan armónicas, que todo esté en su lugar.

Llega la tarde y, con ella, la visita esperada de José. Es jueves, el quinto encuentro. Tienen que aprovechar las sesiones. Tienen que hablar de los grandes temas, los temas definitivos, los trascendentes, los que hacen que alguien quiera seguir atado al mundo.

—¿Y qué, José, tú prefieres la pasta con o sin queso?

El amigo mira al otro un poco extrañado por la pregunta intrascendente, pero le sigue la conversación hasta que el último sol entra por la ventana vestido de rojo. A lo largo de estas horas, han aclarado que la pasta mejora con queso, que después de comer prefieren el café solo, que la música de antes era música y que les gusta leer al oscurecer.

La muerte

*Si la felicidad no es para mí,
que sea para los otros. Que el cielo exista,
aunque mi lugar sea el infierno.*
JORGE LUIS BORGES

Primero fue Jaime; después, Dolores. Ya imaginó Juan que la madre no soportaría la muerte del hijo a pesar de sus esfuerzos y el de tantos amigos y vecinos por acompañarla en el duelo.

Un mes después del accidente, vino Rita, la florista que tenía la tienda al lado de la casa de José, cerca de la calle Mayor. La mujer creía firmemente en el espíritu, las auras y los tratamientos alternativos. Se teñía el pelo de rubio Marilyn Monroe, se pintaba los labios de rojo y llevaba vestidos amplios de colores. Aquel día, Rita lucía un collar largo de cuentas de una especie de vidrio de color rosa que, por lo visto, eran piedras que transmitían energía positiva.

Le regaló a Dolores un jarrón con agua y una rosa. Era un pequeño jarrón blanco con flores azules, que contrastaba con el rojo intenso de la flor. Dolores le dio las gracias y lo puso en medio de la mesa del comedor, para lucirlo. Ofreció a la mujer un café y la invitó a sentarse. Una vez preparado el café, con el aroma perfumando el ambiente, empezaron a hablar susurrando. Juan pasaba del pasillo a la habitación y salía al jardín y volvía a entrar hacia la cocina, sin querer entrar en la intimidad de la conversación. De pronto, Rita se levantó del sofá. Cogió el jarrón, quitó la rosa, se dirigió a la cocina, donde se oyó que vaciaba el agua en el fregadero, volvió al comedor y lanzó la pieza al suelo. Dolores se rompió en un grito ahogado, a la vez que el jarro se rompía en pedazos.

—¿Os habéis hecho daño?

Lo preguntó Juan, desde el pasillo, muy nervioso porque había presenciado toda la escena. Era evidente que Rita había roto intencionadamente el jarrón. Ella, con un tono misterioso, dijo:

—Es parte del proceso.

Entonces explicó que había una técnica japonesa, que se remontaba a no sé qué siglo, llamada *guinsisugui* («No, Juan, *Kintsugi*» —lo corrigió Rita, porque, ahora sí, ahora Juan se había inmiscuido). Mientras explicaba, la mujer sacó un pegamento que, por lo visto, llevaba preparado. Intentaba recomponer los trozos mientras hablaba. Decía cosas como que el jarrón roto era una metáfora y que, reparándolo, se reconciliaría con los accidentes del tiempo y del espacio que había sufrido.

—Hemos de mostrar amor a nuestros trozos rotos.

Dolores la miraba con los ojos marrones, grandes y muy abiertos. Callaba. Juan no estaba seguro de que su mujer estuviera entendiendo nada de lo que le explicaba la florista.

—Dolores, tú eres el jarrón —le decía—, pero te ayudaremos a rehacerte y serás mejor, porque sabrás cicatrizar, es seguro. El jarrón reparado será la imagen de tu resistencia.

Juan miraba a su mujer, que se había quedado paralizada. Rita hablaba sin parar, del *guabisuabi* («No, Juan, *wabi-sabi*»), de reconocer las imperfecciones, de quererse aunque las cosas no fueran como las habíamos imaginado… Le aconsejaba que, cuando ella se marchara, acabara de recomponer el jarrón. Le dejaba el pegamento. «Es parte del regalo», le dijo.

—Me he roto, sí. Eso es cierto, Rita.

Es lo único que Dolores dijo y, en cuanto la visionaria se fue, metió el jarrón a medio pegar con el pegamento dentro de una bolsa de plástico y la bolsa de plástico dentro de uno de los cajones de la cómoda, entre las servilletas y los manteles de hilo. No quería ver aquel jarrón destrozado.

—¿Qué se ha creído esta mujer? —le dijo a su marido—. ¿Acaso pegar un jarrón roto me devolverá a mi hijo?

—Mujer, quiere ayudar...

A Juan, las reflexiones de la vecina lo hicieron pensar. Fue a la biblioteca del pueblo a buscar información sobre todo eso que les había contado Rita y encontró un libro donde se explicaba la técnica y la manera de dorar las grietas.

Para Dolores, en cambio, todo aquello del jarrón y la motivadora charla sobre reparación de Rita fue inútil. Su amor de madre era tan grande y el dolor que sentía tan fuerte que toda ella se convirtió en corazón. Su cabeza, sus pies, sus manos, sus dedos, sus intestinos…, todo se convirtió en un corazón enorme y aquel corazón gigante decidió que no quería pensar, que no quería caminar, que no quería coger, que no quería tocar, que no quería comer... El corazón decidió pararse para viajar con el hijo cuanto antes.

Aunque cuando Dolores se fue, Juan también lo deseó, sentía que sus intestinos todavía lo ataban a la vida. No había perdido el hambre. Supuso que el corazón de la madre se había fundido con el del hijo —carne con carne, carne de regreso a la carne—, pero el suyo seguía latiendo, aferrándose a la vida, a pesar de todo. Así, Juan, ya viudo y todavía resistente, sufrió por un doble duelo, pues entre una pérdida y la otra no pasó ni un año. Las muertes del hijo y de la mujer rompieron muchas cosas y es verdad que fue complicado seguir, pero siguió. Pensó que debía de estar predestinado a hacer algo más y que debía quedarse por aquí por algún motivo.

El sacerdote fue a su casa y le habló de la vida eterna, de la redención de las almas buenas y de la espiritualidad que impregna a la muerte. Los amigos intentaron hacerle olvidar la pena llegando a su casa con comida y cartas para jugar una partida. Sin embargo, Juan no quería imaginar a sus muertos bailando con un grupo de ángeles ni quería olvidarlos con una partida a la brisca, aunque fuera solo por un rato. Lo explicó con su tono amable de siempre, con una sonrisa que no era impostada: quería convivir durante una temporada con la tristeza para poder volver a ser feliz. Algunos lo entendieron, otros no, pero todos lo respetaron.

Él, positivo por naturaleza, siempre dispuesto a entender, a adaptarse, a conformarse…, ¿cómo podía encajar esos dos golpes? Primero, no podía negarlo, cayó en un pozo oscuro y profundo, un pozo sin fin que le provocaba mareo, náuseas, un pozo que rebosaba de todas las lágrimas que no había derramado para no hundir aún más a Dolores cuando ella seguía con vida. Durante días que se convirtieron en semanas y luego en meses, no encontraba sentido a seguir sin su mujer, sin su hijo. Después, se dijo que todo lo que había pasado no había dependido de él. No pudo evitar que aquel conductor bebiera tanto, ni que Jaime cogiera el coche justamente en aquel momento trágico. Tampoco pudo intuir que el corazón de Dolores se pararía en seco, a pesar de que el suyo se esforzaba en latir por los dos.

Ante los hechos inevitables, se dijo que había aprendido. Aprendido a seguir queriendo con serenidad a quien ya no está. Aprendiendo a valorar el tiempo que tuvo junto a él a los que quería. Aprendiendo a domesticar al gusano del dolor cuando le mordía la cabeza durante las noches interminables de invierno. Aprendido a conformarse cuando se sabe que a uno se le concede más tiempo, aunque hubiera preferido compartirlo con los que ya se habían ido o incluso no disponer de tanto tiempo sin ellos. Había aprendido a dar las gracias por haberse encontrado en el camino a los seres más maravillosos que hubiera podido imaginar.

—¿Cómo conseguiste no morir cuando recibiste la llamada de la policía?

Llevan ya un rato hablando. Hoy José ha llegado un poco más tarde que los otros días. Dice que está cansado. Juan lo entiende, porque él también lo está, agotado más que cansado. Habían estado hablando de temas intrascendentes, hasta que José ha vuelto a apuntar al centro de la diana. Ha sacado el gran tema, el definitivo: el tema de la muerte. ¿Cómo consiguió no morir cuando recibió la llamada de la policía, que le decía que Jaime había sufrido un accidente muy grave?

—Aquella llamada…

Él conducía, Dolores iba en el asiento del acompañante. No hablaban entre ellos, cada uno lo hacía con su dios. Juan no le rezaba, más bien le interrogaba. ¿Por qué? ¿Por qué se lo tenía que llevar? ¿Tenía que romperse de ese modo terrible la convivencia querida, deseada, esperada? ¿Qué sentido tendría seguir sin el hijo? Miraba de reojo a Dolores e imaginaba que ella mantenía una conversación paralela y pensaba que, quizá, si no lo estaba escuchando a él, era porque estaría escuchándola a ella. Una madre debe de saber qué decirle al ser supremo. Así que no le importaba que no hubiera ninguna respuesta, que no la había, y seguía conduciendo de camino al hospital deseando con todo el corazón, con toda el alma, que estuviera vivo…, que estuviera vivo…, que estuviera vivo… Sin embargo, cuando llegaron al lugar, lo único que pudieron hacer fue identificar el cadáver.

La figura indefensa de la madre que perdía al hijo rompió el corazón del padre y decidió que debía ser fuerte por ella. No podía hundirse. Sería roble para acoger el llanto animal de la madre que se queda sin su cachorro. Con todo, cuando Dolores salía a comprar, el roble se permitía ser sauce y se deshacía en largas ramas tiernas que dejaban resbalar lágrimas en su baile de vaivén a un lado y otro del tronco dolorido.

Sí, la muerte súbita del hijo lo confrontó con la vida, que continuaba. La mirada de Juan se ha oscurecido. No deja de ser un hombre feliz, pero se le nublan los ojos. El agua está a punto de salir, pero se contiene, como si el llanto interior fuera el más sincero. El dolor del recuerdo es idéntico al de la mañana en que la policía lo informó del gravísimo accidente que había sufrido el hijo y, meses después, al de la tarde en que una doctora ponía nombre —ataque de corazón fulminante— al motivo de la muerte de su mujer.

Es cierto que muchas noches se angustia en medio de pesadillas y sueños rotos, pero cada mañana se levanta y vuelve a su rutina amable. Le habla a Dolores y renueva cada mes los ramos de flores. Uno, colgado de la farola donde está el cruce del choque fatal, adorna el lugar del terrible accidente de su hijo. El otro, la tumba de su mujer. Pero no está obsesionado. Cree que la memoria, la vida de la fama sobre la que escribiera un poeta del siglo xv, es un homenaje. Recordarlos los mantiene vivos para él en la vida que sigue viviendo, sin prisa, disfrutando de cada día, de cada hora, de cada momento, hasta que el toque de las campanadas le lleve junto a ellos. *Carpe diem*, decían los clásicos. *Carpe diem*, se dice él. Cada día es un regalo, una nueva oportunidad de oler otra rosa, un poco más de tiempo —ahora lo ve claramente— para compartirlo con un amigo a quien consolar y al que convencer de que, a pesar de todo, seguir por aquí vale la pena.

—No te engañaré. Fue muy duro.

—Me lo imagino.

Comparte con su amigo sus pensamientos: cómo ha aprendido a seguir queriéndolos, cómo se alegra de haber compartido con ellos los días que tuvieron… José lo escucha con mucha atención. Al final, Juan le pregunta:

—¿Y tú, qué? ¿Hablaste con tu hijo? No recordé preguntártelo ayer…

—Sí.

—¿Y?

—Vendrán a casa mañana, a pasar el fin de semana.

—¿El fin de semana? ¡Qué bien! Me alegro mucho.

—Eso te quería decir. Pasarán aquí todo el sábado y todo el domingo. No podré venir a nuestro séptimo encuentro.

—Hombre, no podrás venir mañana ni pasado mañana, pero sí el lunes, ¿no?

José se hace esperar. Juan se impacienta.

—¿Sí o no? Hicimos un trato, ¿te acuerdas?

—Sí que vendré. El lunes por la tarde hablamos.

—Y piensa que tú sí tienes hijos con quienes hablar y no a quien llevar ramos de flores. No seas desagradecido, por favor.

Se miran intensamente y el hombre triste se va con su paso cansado de siempre, pero no tanto como acostumbra. Al menos, eso es lo que le parece a Juan. La idea de ver al día siguiente al hijo que hace años que no ve seguro que le contenta. Se alegra mucho por él.

Coge la muleta y entra en casa. Aunque esa tarde no hace demasiado frío, prende el fuego en la chimenea. Le gusta disfrutar del olor de la madera quemando, del crujido de las ramas delgadas y de las piñas pequeñas, del calor en las manos. Se queda mucho rato mirando cómo baila la llama hasta que se deshace y solo brillan algunas brasas candentes. Desea que todo lo que han hablado estos últimos días le sirva a su amigo para encontrar el equilibrio. A él, personalmente, le ha ido muy bien. Siente que todo sigue en su lugar. Ha vivido la vida como ha ido viniendo, convencido de que ha hecho en cada momento lo que debía hacer, y eso le inspira una gran serenidad.

Acariciado por el calor de las brasas, que resisten, se deja llevar por un sueño ligero que lo va transportando a campos interminables de lavandas, campos lilas, azules en algunos puntos y verdes en otros. Mientras se va durmiendo, en el sopor de la duermevela dulce, todavía piensa que al día siguiente buscará el jarrón que Rita rompió, lo acabará de recomponer, dorará las grietas y lo dejará sobre la repisa de la cálida chimenea.

Lunes por la mañana

La felicidad depende de uno mismo.
ARISTÓTeles

Estaba esperando a Rosa para que lo ayudara a preparar el desayuno, pero la mujer ha llamado diciendo que no se encuentra bien. No irá esta semana. Tiene mucha fiebre y el médico le ha recomendado que haga reposo. A Juan le preocupa un poco el hecho de tener que prepararse desayuno, comida y cena, limpiar la casa o hacer la cama tantos días seguidos, pero no quiere agobiarse. De momento, se dispone a esperar a que el temblor de las manos, que hoy no paran, se calme un poco. Se sentará en un banco del jardín con un vaso de agua, que llega medio vacío por el movimiento frenético de las manos.

Cierra los ojos y se deja acariciar por los primeros rayos de sol, que le calientan, tibios, en una caricia. Los pinos del otro lado de la calle desprenden un intenso olor a bosque. Algunos frutales salpican el paisaje con el blanco y el rosa de las frutas que todavía son flores. Se siente bien, salvo por este temblor incómodo…

De pronto, le sorprende la llegada repentina de su amigo. Ha llegado sin avisar y Juan no sabe qué decir, porque lo esperaba por la tarde.

—He de hablar contigo.

Un mal presagio recorre el cuerpo de Juan.

—Claro, hoy es el séptimo encuentro —dice.

No lo quiere reconocer, pero Juan está nervioso. Entiende que hoy conocerá la decisión de su amigo, ya que, aunque han pasado más de siete días, es la séptima vez que se encuentran desde que así lo acordaron.

En ese punto del relato, el hombre feliz desea que el triste se haya reconciliado con la vida y pesen más las cosas buenas que las malas en su balanza de viejo rabioso.

—¿Cómo ha ido con la familia?

Lo ha preguntado con la alegría de una esperanza sincera. El otro lo mira con lo que a Juan le parece que quiere ser una sonrisa. Cree que tiene buena pinta.

—No estuvo mal.

Juan piensa que realmente su amigo es pesimista por naturaleza. Incluso para decir que fue bien evita la palabra *bien* y afirma negando su contrario: *no mal*. Por supuesto, no lo dice, no sea que el otro se oscurezca ahora que parece estar iluminado.

—¿Sí? ¡Cuenta!

José explica, sin poder evitar estar contento, cómo su hijo mayor había convencido al pequeño para que se reunieran todos en casa del padre. No lo habían avisado para darle una sorpresa. ¡La gran casa de pueblo se había quedado pequeña con tantos niños! Juan lo mira con intensidad para valorar si le pareció bien o mal, pero tiene claro que se entusiasmó cuando sigue explicando:

—La verdad es que la llenaron por completo. ¡No cabía ni un alfiler! ¡Qué lío!

¡José sigue riendo!

—¿Y dónde durmieron?

—Trajeron unos colchones inflables y lo prepararon todo por la noche.

Se ve que los cinco nietos, algunos todavía niños y otros ya adolescentes, durmieron en el comedor como si estuvieran de colonias. Los padres pasaron la noche con sus parejas en las habitaciones que habían sido las suyas cuando eran niños. Llegaron con comida y regalos y con muchas ganas de arreglar las cosas.

—¿Y?

—¿Y qué?

—¿Te sentiste bien?

Pronuncia *bien* elevando el tono de voz. Intenta que el otro nombre las palabras positivas —*sentirse bien, ser feliz, vivir en armonía*—, como si eso fuera suficiente para que el amigo se acabe de contagiar de vitalidad y optimismo.

—Hablamos mucho, mucho. Aclaramos malentendidos y debo admitir que tenías razón en eso de que teníamos que hacerlo.

—¿Y qué tal la pareja de tu hijo mayor?

—Es maravilloso, una gran persona. Estuvo muy atento conmigo.

Al fin las palabras —*maravilloso, gran persona, muy atento*— traducen una cierta euforia.

—Me alegro mucho.

—Es profesor de pintura en una academia. A ti te gustará conocerlo. Y el niño…

Mira al cielo como si estuviera saboreando un helado de fresa. Juan no puede disimular la alegría que le proporciona este verbo conjugado en futuro —*te gustará*— que le da a entender que le presentará al yerno. Este futuro parece el indicio de que no se ha de matar enseguida… Sin embargo, José, se ha vuelto a quedar muy serio.

El hombre feliz mira con sus ojos azul intenso los ojos grises del hombre triste. Se le ocurre, de pronto, que quizá se ha apresurado tanto en ir por la mañana y no por la tarde porque no puede esperar más para marcharse. La voz le tiembla, como la mano derecha, como los pies. Está muy nervioso y tiene miedo. Intenta alargar la vida de su amigo sacando conversación, pero no se le ocurre nada. El otro baja la cabeza promoviendo una intriga impaciente y Juan lo mira abatido, indefenso ante la incertidumbre. Finalmente, unas palabras ahogadas:

—¿Y entonces…?

—La gente se suicida el domingo por la tarde, no el lunes por la mañana.

—¿Y qué? ¿Acaso debo estar sufriendo cada domingo por la tarde por si quieres matarte?

—No, me has demostrado que cada día es lunes por la mañana.

Juan suspira. Se ha relajado y, repentinamente, siente ganas de llorar. El temor de perder al amigo lo había mantenido estos días en un estado de tensión tan profundo que ahora se siente como un niño vulnerable e indefenso. Deja que el otro lleve el hilo de la conversación mientras intenta contener el llanto. Por otro lado, parece que José tiene muchas ganas de explicarse.

—Estoy cansado de mí mismo, de mirarme el ombligo…

Mira a su amigo, cómplice, porque esta era una de las críticas que le había hecho.

—He estado pensando, mucho. Me ha servido aquello que me dijiste.

Juan ha empleado tantos argumentos a lo largo de estos días que no sabe exactamente a cuál se refiere.

—¿El qué?

—El hecho de equivocarme, de tomar una decisión definitiva, equivocada, y que sea irreversible.

—Claro.

—Es que son preciosos los niños… El de Ricardo… Si hubieras visto cómo me acariciaba la cara mientras decía que le gustaban mis arrugas… Ese niño es muy especial.

—Seguro que sí.

—Y mi hijo Miguel… Tenías razón. Solo quería que lo escuchara, que le mostrara atención. Realmente, allí donde sea que he de ir cuando muera, me hubiera arrepentido siempre de no hablar con él. Seguro que estaría condenado a penar durante siglos y siglos si no me hubiera reconciliado con mis hijos.

—¡Cómo me alegro de que te sientas bien!

—Solo puedo darte las gracias.

Eran tan sinceras sus palabras que Juan estaba emocionadísimo. José siguió:

—Tengo una propuesta.

—Dime.

—Querría dejarles la casa a los hijos y a los nietos para que puedan venir los fines de semana, las vacaciones, los meses de verano…

—¡Buena idea!

—Sí, creo que sí. Entonces, yo… ¿puedo venir a vivir contigo?

—¿Conmigo?

—Sí, aquí, a tu casa.

—¿Estás seguro?

Las manos de Juan tiemblan tanto que no pueden coger el vaso de agua que hace rato deseaba beber. José lo coge con ternura y lo acerca a los labios del amigo mientras sostiene el vaso con firmeza para que el otro vaya bebiendo.

Juan tiene ochenta y cuatro años, tres meses, nueve días, quince horas y cincuenta segundos cuando una lágrima le recorre la mejilla. José lo mira sorprendido.

—A ver si ahora que tú me has contagiado tu alegría, te he contagiado yo a ti mi tristeza…

El hombre feliz mira al hombre triste con todo el amor que lleva dentro y le dice desde el corazón:

—No, José, lloro de felicidad.

Epílogo

Probablemente, de todos nuestros sentimientos,
el único que no es verdaderamente nuestro
es la esperanza. La esperanza pertenece a
la vida, es la vida misma defendiéndose.

Julio Cortázar

Pasaron algunos años, no muchos, porque Juan y José eran ya muy ancianos. Murieron los dos cuando volvía a empezar la primavera. Primero fue Juan, que se quedó sentado en el banco de madera del jardín con una sonrisa en los labios mientras olía las flores de los cerezos que, de nuevo, acababan de florecer. Contemplaba los siete árboles, su explosión de vida y de color. Las campanadas de la iglesia tocaban los dos cuartos que anunciaban las ocho y media de la mañana. El sonido que quedaba vibrando en el aire lo reconfortó, porque era el sonido del tiempo con el que había convivido, la banda sonora de su vida en el pequeño pueblo. Pensó que no llegaría a escuchar los tres cuartos, porque el eco de la campana volvería a sonar cuando tuviera de nuevo la mano de Dolores en su mano derecha y las manos de mantequilla de su hijo hecho hombre en la izquierda. El cielo era rojizo y tenía un punto dorado que recordaba los mejores paisajes que habían reflejado sus manos antes de enfermar. Levantó la mirada, evocando el brillo de los ojos de Dolores el día que parió al hijo. La luz lo invadió y Juan se convirtió en luz.

Pocos días después, fue José. Había salido a pasear y el corazón, literalmente, se le paró en seco. La muerte repentina dibujó una mueca de sufrimiento en el rostro del viejo, que se quedó mirando hacia arriba, tumbado en el suelo. Los vecinos se apiadaron del hombre que, a pesar de haber vivido durante muchos años impregnado de mal humor, en los últimos tiempos había mostrado un gesto más alegre.

Todo el pueblo, emocionado, despidió a los dos amigos con canciones y algunas historias que los recordaban. Había flores por todos lados. Al entierro fueron los dos hijos, el yerno, la nuera, los cinco nietos de José y todos los amigos que había ido haciendo Juan a lo largo de su vida. Se reunió un montón de gente.

La casa, siguiendo la voluntad de Juan, que así lo había dejado escrito, se convirtió en una especie de casal donde la gente del pueblo iba a encontrarse y a celebrar. Cuenta la leyenda que, poco después de ser enterrados, nacieron en un lado del jardín, donde estaban plantados los rosales y todas las flores de Dolores, dos árboles: un cerezo y un manzano. Nadie los había plantado, pero se fueron haciendo fuertes y frondosos. El cerezo producía unos frutos gruesos y dulces, nubes de lluvia que explotaban en la boca. El manzano, en cambio, produjo durante un par de años manzanas amargas. Sin embargo, pronto se le contagió la dulzura del cerezo y ahora sus manzanas son las más preciadas del pueblo. Todos van a recogerlas cuando están maduras, sobre todo Rosa y Rita, que se han hecho muy amigas desde que se encuentran a menudo cambiando el agua del jarrón blanco con flores azules en el que siempre hay una rosa, paseando por el jardín de la pequeña casa en la que había vivido Juan toda su vida o admirando una nueva puesta de sol en el horizonte de sangre.

Hoy las ramas se abrazan delicadamente y florecen siempre a la vez. Si venís al pueblo, acercaos a este trozo de paraíso lleno de vegetación. Acariciad las hojas del cerezo y del manzano y sonreíd. Lo que más les gusta a los dos árboles es que la gente, cuando los contempla bajo el cielo rojizo del otoño que todavía huele a flores, haya comprendido y sea feliz.

To the happy few.
En Vilassar de Mar, junio de 2025

Agradecimientos

A Blanca Cela, mi madre, por hablarme de puertas que se abren cuando otras se han cerrado.

A Francisco Bravo, mi padre, porque pintaba amapolas en medio de campos de trigo.

A María, mi hija, porque ha descubierto con entusiasmo a Kafka y su escarabajo.

A Pau, mi hijo, porque mira con la sorpresa de los que todavía están empezando.

A Quim, mi mitad, porque me cuenta con palabras nuevas las viejas historias del pasado.

A Elisenda Marcer, por la primavera en la sangre y los encuentros en la primavera de Barcelona.

A Joan Tomàs, el amigo poeta, por las palabras, la lectura y la complicidad.

A Joan Molina, porque transmite su felicidad y me ayuda a buscar menta por las macetas de la terraza.

A Isabel Martí, de IMC, por la lectura atenta y entusiasta de todo lo que voy imaginando.

A Jordi Puig, por confiar en estas palabras.